Wortschatz der Lektionen 21-40

CURSUS

Vokabelkartei 2

Ausgabe A

C.C.Buchner | Lindauer | Oldenbourg

Cursus, Ausgabe A

Herausgegeben von Michael Hotz und
Prof. Dr. Friedrich Maier

Vokabelkartei 2
Erarbeitet von Christian Zitzl

Titelbild: akg-images/Manuel Cohen

1. Auflage
Alle Drucke dieser Auflage sind, weil untereinander unverändert, nebeneinander benutzbar.

Gesamtherstellung: Dinkhauser Kartonagen GmbH, Hall/Tirol

www.ccbuchner.de
www.oldenbourg.de

ISBN 978-3-661-**40124**-9 (C.C. Buchner Verlag)
978-3-637-02584-4 (Cornelsen Verlag GmbH)

21

Substantiv

sacerdōs
sacerdōtis

m / f

Kons. Deklination 516

21

Substantiv

prūdentia
prūdentiae

f

a-Deklination 517

21

Substantiv

lītus
lītoris

n

Kons. Deklination 518

21

Substantiv

rēs
reī

f

e-Deklination 519

der Priester / die Priesterin

die Klugheit
die Vorsicht

der Strand

die Sache
das Ereignis

21

Substantiv

spēs
speī

f

e-Deklination 520

21

Substantiv

hostis
hostis
Gen. Pl.: **hostium**

m

Kons. Deklination 521

21

Verb

relinquere
relinquō
relīquī

Kons. Konjugation
Dehnungsperfekt 522

21

Substantiv

fidēs
fideī

f

e-Deklination 523

die Hoffnung
die Erwartung

der Feind

zurücklassen
verlassen

das Vertrauen
die Treue
der Treueschwur
der Glaube

21

Substantiv

dolus
dolī

m

o-Deklination 524

21

Substantiv

fraus
fraudis
Gen. Pl.: **fraud(i)um**

f

Kons. Deklination 525

21

Konjunktion

aut … aut

Wendung 526

21

Verb

latēre
lateō
latuī

e-Konjugation
u-Perfekt 527

die List

der Betrug
die Täuschung

entweder … oder

verborgen sein

21

Verb

īnstāre
īnstō
īnstitī

a-Konjugation
Reduplikationsperfekt
528

21

Substantiv

incendium
incendiī

n

o-Deklination
529

21

Verb

dēlēre
dēleō
dēlēvī

e-Konjugation
v-Perfekt
530

21

Substantiv

sententia
sententiae

f

a-Deklination
531

drohen
bevorstehen

der Brand
das Feuer

zerstören
vernichten

die Meinung
die Ansicht
das Urteil

21

Verb

probāre
probō
probāvī

a-Konjugation
v-Perfekt 532

21

Verb

persuādēre
persuādeō
persuāsī

m. Dat.

e-Konjugation
s-Perfekt 533

21

Verb

contendere
contendō
contendī

Kons. Konjugation
Reduplikationsperfekt 534

21

Verb

corripere
corripiō
corripuī

kurzvok. i-Konjugation
u-Perfekt 535

gutheißen
billigen

meist m. AcI: (jmdn.) **überzeugen**
(jmdn.) **überreden**

sich anstrengen
eilen
kämpfen
behaupten

packen
anpacken
an sich reißen

21

Verb

dēficere
dēficiō
dēfēcī

kurzvok. i-Konjugation
Dehnungsperfekt 536

21

Subiunktion

postquam

m. Ind. Perf.

temporal 537

21

Verb

discēdere
discēdō
discessī

Kons. Konjugation
s-Perfekt 538

21

Substantiv

timor
timōris

m

Kons. Deklination 539

verlassen
ausgehen

nachdem

weggehen
verschwinden

die Angst
die Furcht

21

Adjektiv

incertus, incerta, incertum

a-/o-Deklination 540

21

Substantiv

auctōritās
auctōritātis

f

Kons. Deklination 541

21

Verb

aedificāre
aedificō
aedificāvī

a-Konjugation
v-Perfekt 542

21

Substantiv

īra
īrae

f

a-Deklination 543

unsicher
ungewiss
unschlüssig

das Ansehen
der Einfluss

bauen

der Zorn
die Wut

21

Präposition

ob

m. Akk.

544

21

Substantiv

mūrus
mūrī

m

o-Deklination 545

22

Verb

inquit

Sonderkonjugation 546

22

Verb

accidere
áccidit
áccidit

Kons. Konjugation
Reduplikationsperfekt 547

wegen

die Mauer

sagt (er, sie)
sagte (er, sie)

sich ereignen
zustoßen

22

Substantiv

mulier
mulíeris

f

Kons. Deklination 548

22

Adjektiv

blandus, blanda,
blandum

a-/o-Deklination 549

22

Verb

recipere
recipiō
recēpī

kurzvok. i-Konjugation
Dehnungsperfekt 550

22

Substantiv

porta
portae

f

a-Deklination 551

die Frau

schmeichlerisch
zärtlich

aufnehmen
zurücknehmen

das Tor
die Tür

22

Substantiv

īnsidiae
īnsidiārum

f Pl.

a-Deklination
Pluralwort 552

22

Verb

metuere
metuō
metuī

Kons. Konjugation
Perfekt ohne Stammveränderung 553

22

Substantiv

socius
sociī

m

o-Deklination 554

22

Subjunktion

ubī

m. Ind. Perf.

temporal 555

der Hinterhalt
die Falle
der Anschlag

sich fürchten
befürchten

der Gefährte
der Verbündete

sobald

22

Pronomen

hic, haec, hoc
Gen.: **huius**
Dat.: **huic**

demonstrativ 556

22

Verb

occurrere
occurrō
occurrī

Kons. Konjugation
Reduplikationsperfekt 557

22

Substantiv

locus
locī

m

o-Deklination 558

22

Adjektiv

salvus, salva,
salvum

a-/o-Deklination 559

dieser, diese, dieses

entgegenkommen
begegnen

der Ort
die Stelle

wohlbehalten
gesund

22

Adjektiv

incolumis, incolumis, incolume
Gen.: **incolumis**

Kons. Deklination
zweiendig

560

22

Substantiv

remedium
remediī

n

o-Deklination

561

22

Verb

effugere
effugiō
effūgī

(m. Akk.)

kurzvok. i-Konjugation
Dehnungsperfekt

562

22

Adverb

forās

563

unverletzt
heil

das Heilmittel

entfliehen
vermeiden

hinaus
heraus
nach draußen

22

Adverb

hinc

564

22

Verb

stringere
stringō
strīnxī

Kons. Konjugation
s-Perfekt

565

22

Substantiv

pēs
pedis

m

Kons. Deklination

566

22

Verb

prōicere
prōiciō
prōiēcī

kurzvok. i-Konjugation
Dehnungsperfekt

567

von hier

ziehen

der Fuß

werfen
niederwerfen
vorwerfen

22

Substantiv

modus
modī

m

o-Deklination 568

22

Substantiv

anima
animae

f

a-Deklination 569

22

Verb

sinere
sinō
sīvī

Kons. Konjugation
v-Perfekt 570

22

Adverb

nimis

571

die Art
die Weise
das Maß

die Seele
der Atem
das Leben

lassen
zulassen
erlauben

zu
zu sehr

22

Fragewort

quī?

572

22

Verb

iūrāre
iūrō
iūrāvī

a-Konjugation
v-Perfekt

573

22

Verb

nocēre
noceō
nocuī

e-Konjugation
u-Perfekt

574

22

Verb

reddere
reddō
reddidī

(m. dopp. Akk.)

Kons. Konjugation
Reduplikationsperfekt

575

wie?

schwören

schaden

zurückgeben
m. dopp. Akk.: (etw.) **... machen**

23

Verb

monēre
moneō
monuī
monitum

e-Konjugation
u-Perfekt

576

23

Substantiv

dux
ducis

m / f

Kons. Deklination

577

23

Verb

respicere
respiciō
respexī
respectum

kurzvok. i-Konjugation
s-Perfekt

578

23

Substantiv

gēns
gentis
Gen. Pl.: **gentium**

f

Kons. Deklination

579

erinnern
mahnen
auffordern

der Führer / die Führerin
der Feldherr

denken an
berücksichtigen

das Volk
das Geschlecht

23

Substantiv

fātum
fātī

n

o-Deklination

580

Substantiv

orbis
orbis
Gen. Pl.: **orbium**

m

Kons. Deklination

23

Verb

regere
regō
rēxī
rēctum

Kons. Konjugation
s-Perfekt

581

23

Verb

cōgere
cōgō
coēgī
coāctum

Kons. Konjugation
Dehnungsperfekt

582

das Schicksal

der Kreis
der Erdkreis

herrschen
beherrschen

sammeln
zwingen

23

Substantiv

classis
classis
Gen. Pl.: **classium**

f

Kons. Deklination 583

23

Substantiv

dolor
dolōris

m

Kons. Deklination 584

23

Substantiv

cupiditās
cupiditātis

f

Kons. Deklination 585

23

Adverb

posteā

586

die Flotte

der Schmerz
die Trauer

der Wunsch
das Verlangen

später
nachher

23

Verb

docēre
doceō
docuī
doctum

e-Konjugation
u-Perfekt

587

23

Verb

cōnstituere
cōnstituō
cōnstituī
cōnstitūtum

Kons. Konjugation
Perfekt ohne Stammveränderung

588

23

Verb

adīre
adeō
adiī
aditum

Sonderkonjugation

589

23

Verb

fugere
fugiō
fūgī

m. Akk.

kurzvok. i-Konjugation
Dehnungsperfekt

590

unterrichten
lehren

beschließen
festsetzen

hingehen
herantreten
ansprechen

fliehen *(vor)*
(etw.) meiden

23

Adjektiv

crūdēlis, crūdēlis, crūdēle
Gen.: **crūdēlis**

Kons. Deklination
zweiendig

591

23

Adjektiv

tantus, tanta, tantum

a-/o-Deklination

592

23

Substantiv

nefās

(nur Nom. / Akk. Sg.)

n

Kons. Deklination

593

23

Substantiv

perniciēs
perniciēī

f

e-Deklination

594

grausam

so groß
so viel

der Frevel
das Verbrechen

die Vernichtung
das Verderben

23

Substantiv

coniūnx
coniugis

f / m

Kons. Deklination 595

23

Adverb

quidem

596

23

Adjektiv

vehemēns, vehemēns, vehemēns
Gen.: **vehementis**

Kons. Deklination
einendig 597

23

Verb

vītāre
vītō
vītāvī
vītātum

a-Konjugation
v-Perfekt 598

die Frau / die Ehefrau
der Mann / der Ehemann

allerdings
zwar

heftig

meiden
vermeiden

23

Verb

dēcipere
dēcipiō
dēcēpī
dēceptum

kurzvok. i-Konjugation
Dehnungsperfekt

599

23

Konjunktion

et … et

Wendung

600

23

Verb

incendere
incendō
incendī
incēnsum

Kons. Konjugation
Perfekt ohne Stammveränderung

601

23

Substantiv

(meā, tuā, …) sponte

Abl.

Wendung

602

täuschen

sowohl ... als auch
einerseits ... andererseits

anzünden
entflammen
in Aufregung versetzen

freiwillig
aus eigenem Antrieb

23

Verb

mandāre
mandō
mandāvī
mandātum

a-Konjugation
v-Perfekt

603

23

Verb

facere
faciō
fēcī
factum
Imp. Sg.: **fac!**

kurzvok. i-Konjugation
Dehnungsperfekt

604

Die folgenden Karten enthalten alle Verben der Lektionen 1-22, deren PPP unregelmäßig gebildet wird.

4

Verb

dare
dō
dedī
datum

a-Konjugation
Reduplikationsperfekt

605

auftragen
übergeben
anvertrauen

machen
m. dopp. Akk.: (jmdn.) machen *(zu)*

geben
von sich geben

1

Verb

stāre
stō
stetī
statum

a-Konjugation 606
Reduplikationsperfekt

21

Verb

dēlēre
dēleō
dēlēvī
dēlētum

e-Konjugation 607
v-Perfekt

12

Verb

flēre
fleō
flēvī
flētum

e-Konjugation 608
v-Perfekt

19

Verb

cēnsēre
cēnseō
cēnsuī
cēnsum

(m. dopp. Akk.)

e-Konjugation 609
u-Perfekt

stehen
dastehen

zerstören
vernichten

weinen
beklagen

schätzen
einschätzen
der Ansicht sein
m. dopp. Akk.: **halten für**

3

Verb

iubēre
iubeō
iussī
iussum

(m. Akk.)

e-Konjugation
s-Perfekt 610

21

Verb

persuādēre
persuādeō
persuāsī
persuāsum

m. Dat.

e-Konjugation
s-Perfekt 611

2

Verb

rīdēre
rīdeō
rīsī
rīsum

e-Konjugation
s-Perfekt 612

16

Verb

favēre
faveō
fāvī
fautum

m. Dat.

e-Konjugation
Dehnungsperfekt 613

(jmdm.) **befehlen**
(jmdn.) **beauftragen**

meist m. AcI: (jmdn.) **überzeugen**
(jmdn.) **überreden**

lachen

gewogen sein
(jmdn.) begünstigen

12

Verb

movēre
moveō
mōvī
mōtum

Kons. Konjugation 614
Dehnungsperfekt

4

Verb

sedēre
sedeō
sēdī
sessum

e-Konjugation 615
Dehnungsperfekt

4

Verb

vidēre
videō
vīdī
vīsum

e-Konjugation 616
Dehnungsperfekt

3

Verb

respondēre
respondeō
respondī
respōnsum

e-Konjugation 617
Reduplikationsperfekt

bewegen
beeinflussen

sitzen
dasitzen

sehen

antworten
entgegnen

14

Verb

aperīre
aperiō
aperuī
apertum

i-Konjugation
u-Perfekt

618

14

Verb

sentīre
sentiō
sēnsī
sēnsum

i-Konjugation
s-Perfekt

619

1

Verb

venīre
veniō
vēnī
ventum

i-Konjugation
Dehnungsperfekt

620

8

Verb

convenīre
conveniō
convēnī
conventum

i-Konjugation
Dehnungsperfekt

621

öffnen
aufdecken

fühlen
merken
meinen

kommen

zusammenkommen
zusammenpassen
m. Akk.: treffen

17

Verb

comperīre
comperiō
comperī
compertum

i-Konjugation
Reduplikationsperfekt

622

15

Verb

arcessere
arcessō
arcessīvī
arcessītum

Kons. Konjugation
v-Perfekt

623

13

Verb

cognōscere
cognōscō
cognōvī
cognitum

Kons. Konjugation
v-Perfekt

624

9

Verb

petere
petō
petīvī
petītum

Kons. Konjugation
v-Perfekt

625

erfahren
in Erfahrung bringen

herbeirufen
holen

erfahren
erkennen
kennenlernen

bitten, verlangen
angreifen
aufsuchen
gehen / fahren nach

5

Verb

quaerere
quaerō
quaesīvī
quaesītum

Kons. Konjugation
v-Perfekt 626

22

Verb

sinere
sinō
sīvī
situm

Kons. Konjugation
v-Perfekt 627

11

Verb

dēsinere
dēsinō
dēsiī
dēsitum

Kons. Konjugation
v-Perfekt 628

12

Verb

colere
colō
coluī
cultum

Kons. Konjugation
u-Perfekt 629

suchen
fragen

lassen
zulassen
erlauben

aufhören

pflegen
verehren
bebauen

14

Verb

pōnere
pōnō
posuī
positum

Kons. Konjugation
u-Perfekt

630

8

Verb

expōnere
expōnō
exposuī
expositum

Kons. Konjugation
u-Perfekt

631

10

Verb

impōnere
impōnō
imposuī
impositum

Kons. Konjugation
u-Perfekt

632

18

Verb

disserere
disserō
disseruī
dissertum

Kons. Konjugation
u-Perfekt

633

setzen
stellen
legen

ausstellen
aussetzen
darlegen

setzen, stellen
legen (an, auf, in)
auftragen
bringen

sprechen über
erörtern

9

Verb

cēdere
cēdō
cessī
cessum

Kons. Konjugation
s-Perfekt 634

16

Verb

accēdere
accēdō
accessī
accessum

Kons. Konjugation
s-Perfekt 635

5

Verb

dēcēdere
dēcēdō
dēcessī
dēcessum

Kons. Konjugation
s-Perfekt 636

21

Verb

discēdere
discēdō
discessī
discessum

Kons. Konjugation
s-Perfekt 637

gehen
weggehen, ausgehen
nachgeben
überlassen

herantreten
hingehen

weggehen
gehen (aus)

weggehen
verschwinden

5

Verb

dīcere
dīcō
dīxī
dictum
Imp. Sg.: **dīc!**

Kons. Konjugation
s-Perfekt 638

17

Verb

dūcere
dūcō
dūxī
ductum
Imp. Sg.: **dūc!**

Kons. Konjugation
s-Perfekt 639

17

Verb

abdūcere
abdūcō
abdūxī
abductum

Kons. Konjugation
s-Perfekt 640

13

Verb

redūcere
redūcō
redūxī
reductum

Kons. Konjugation
s-Perfekt 641

sagen
sprechen
m. dopp. Akk.: nennen

führen
ziehen
m. dopp. Akk.: halten für

wegführen
bringen
wegbringen
verschleppen

zurückführen
zurückbringen

19

Verb

laedere
laedō
laesī
laesum

s-Perfekt
Dehnungsperfekt

642

5

Verb

lūdere
lūdō
lūsī
lūsum

Kons. Konjugation
s-Perfekt

643

11

Verb

mittere
mittō
mīsī
missum

Kons. Konjugation
s-Perfekt

644

16

Verb

dīmittere
dīmittō
dīmīsī
dīmissum

Kons. Konjugation
s-Perfekt

645

verletzen
kränken

spielen

schicken
werfen

wegschicken
freilassen

15

Verb

prōmittere
prōmittō
prōmīsī
prōmissum

Kons. Konjugation
s-Perfekt 646

5

Verb

plaudere
plaudō
plausī
plausum

Kons. Konjugation
s-Perfekt 647

13

Verb

opprimere
opprimō
oppressī
oppressum

Kons. Konjugation
s-Perfekt 648

14

Verb

surgere
surgō
surrēxī
surrēctum

Kons. Konjugation
s-Perfekt 649

versprechen

Beifall klatschen
applaudieren

überfallen
überwältigen
unterdrücken

aufstehen
sich erheben

13

Verb

scrībere
scrībō
scrīpsī
scrīptum

Kons. Konjugation
s-Perfekt

650

16

Verb

spargere
spargō
sparsī
sparsum

Kons. Konjugation
s-Perfekt

651

22

Verb

stringere
stringō
strīnxī
strictum

Kons. Konjugation
s-Perfekt

652

17

Verb

exstruere
exstruō
exstrūxī
exstrūctum

Kons. Konjugation
s-Perfekt

653

schreiben

bespritzen
verbreiten

ziehen

errichten
erbauen

5

Verb

sūmere
sūmō
sūmpsī
sūmptum

Kons. Konjugation
s-Perfekt

654

11

Verb

trahere
trahō
trāxī
tractum

Kons. Konjugation
s-Perfekt

655

5

Verb

invādere
invādō
invāsī
invāsum

Kons. Konjugation
s-Perfekt

656

9

Verb

agere
agō
ēgī
āctum

Kons. Konjugation
Dehnungsperfekt

657

nehmen

ziehen
schleppen

eindringen
angreifen

tun
handeln
m. Adv. und cum: umgehen
(m. jmdm.)

8

Verb

emere
emō
ēmī
ēmptum

Kons. Konjugation
Dehnungsperfekt
658

14

Verb

frangere
frangō
frēgī
frāctum

Kons. Konjugation
Dehnungsperfekt
659

16

Verb

fundere
fundō
fūdī
fūsum

Kons. Konjugation
Dehnungsperfekt
660

5

Verb

legere
legō
lēgī
lēctum

Kons. Konjugation
Dehnungsperfekt
661

kaufen

brechen
zerbrechen

gießen
ausgießen
befeuchten

lesen
sammeln
auswählen

21

Verb

relinquere
relinquō
relīquī
relictum

Kons. Konjugation
Dehnungsperfekt

662

7

Verb

currere
currō
cucurrī
cursum

Kons. Konjugation
Reduplikationsperfekt

663

5

Verb

accurrere
accurrō
accurrī
accursum

Kons. Konjugation
Reduplikationsperfekt

664

22

Verb

occurrere
occurrō
occurrī
occursum

Kons. Konjugation
Reduplikationsperfekt

665

zurücklassen
verlassen

laufen
eilen

herbeilaufen
angelaufen kommen

entgegenkommen
begegnen

10

Verb

addere
addō
addidī
additum

Kons. Konjugation
Reduplikationsperfekt

666

17

Verb

crēdere
crēdō
crēdidī
crēditum

Kons. Konjugation
Reduplikationsperfekt

667

12

Verb

ēdere
ēdō
ēdidī
ēditum

Kons. Konjugation
Reduplikationsperfekt

668

22

Verb

reddere
reddō
reddidī
redditum

(m. dopp. Akk.)

Kons. Konjugation
Reduplikationsperfekt

669

hinzufügen

glauben
vertrauen
anvertrauen

verkünden
herausgeben

zurückgeben
m. dopp. Akk.: **(etw.) … machen**

17

Verb

trādere
trādō
trādidī
trāditum

Kons. Konjugation
Reduplikationsperfekt
670

13

Verb

vendere
vendō
vendidī
venditum

Kons. Konjugation
Reduplikationsperfekt
671

12

Verb

tangere
tangō
tetigī
tāctum

Kons. Konjugation
Reduplikationsperfekt
672

21

Verb

contendere
contendō
contendī
contentum

Kons. Konjugation
Reduplikationsperfekt
673

übergeben
ausliefern
überliefern

verkaufen

berühren

sich anstrengen
eilen
kämpfen
behaupten

14

Verb

tollere
tollō
sustulī
sublātum

Kons. Konjugation
Reduplikationsperfekt

674

6

Verb

dēfendere
dēfendō
dēfendī
dēfēnsum

Kons. Konjugation
Perfekt ohne Stammveränderung

675

14

Verb

offendere
offendō
offendī
offēnsum

Kons. Konjugation
Perfekt ohne Stammveränderung

676

12

Verb

dēscendere
dēscendō
dēscendī
dēscēnsum

Kons. Konjugation
Perfekt ohne Stammveränderung

677

hochheben
beseitigen
vernichten
entfernen

verteidigen
abwehren

beleidigen
stoßen
anstoßen

herabsteigen
hinuntergehen

10

Verb

statuere
statuō
statuī
statūtum

Kons. Konjugation
Perfekt ohne Stammveränderung

678

12

Verb

vertere
vertō
vertī
versum

Kons. Konjugation
Perfekt ohne Stammveränderung

679

20

Verb

cupere
cupiō
cupīvī
cupītum

kurzvok. i-Konjugation
v-Perfekt

680

21

Verb

corripere
corripiō
corripuī
correptum

kurzvok. i-Konjugation
u-Perfekt

681

beschließen
entscheiden
aufstellen
festsetzen

wenden
drehen
verwandeln

wünschen
verlangen

packen
anpacken
an sich reißen

20

Verb

aspicere
aspiciō
aspexī
aspectum

kurzvok. i-Konjugation
s-Perfekt

682

20

Verb

cōnspicere
cōnspiciō
cōnspexī
cōnspectum

kurzvok. i-Konjugation
s-Perfekt

683

20

Verb

capere
capiō
cēpī
captum

kurzvok. i-Konjugation
Dehnungsperfekt

684

20

Verb

accipere
accipiō
accēpī
acceptum

kurzvok. i-Konjugation
Dehnungsperfekt

685

anblicken

erblicken

nehmen
einnehmen, **erobern**
fassen
erfassen

annehmen
empfangen
aufnehmen

20

Verb

incipere
incipiō
coepī
coeptum / inceptum

kurzvok. i-Konjugation
Dehnungsperfekt 686

22

Verb

recipere
recipiō
recēpī
receptum

kurzvok. i-Konjugation
Dehnungsperfekt 687

21

Verb

dēficere
dēficiō
dēfēcī
dēfectum

kurzvok. i-Konjugation
Dehnungsperfekt 688

22

Verb

prōicere
prōiciō
prōiēcī
prōiectum

kurzvok. i-Konjugation
Dehnungsperfekt 689

anfangen
beginnen

aufnehmen
zurücknehmen

verlassen
ausgehen

werfen
niederwerfen
vorwerfen

24

Substantiv

loca
locōrum

n Pl.

o-Deklination
Pluralwort

690

24

Verb

condere
condō
condidī
conditum

Kons. Konjugation
Reduplikationsperfekt

691

24

Verb

invenīre
inveniō
invēnī
inventum

i-Konjugation
Dehnungsperfekt

692

24

Substantiv

moenia
moenium

n Pl.

Kons. Deklination
Pluralwort

693

die Gegend

gründen

finden
erfinden

die Mauer
die Stadtmauer

24

Substantiv

studium
studiī

n

o-Deklination 694

24

Adjektiv

occupātus, occupāta, occupātum

(**in** *m. Abl.*)

a-/o-Deklination 695

24

Adjektiv

uter? utra? utrum?
Gen.: **utrīus**
Dat.: **utrī**

a-/o-Deklination
Adj. auf -(e)r / Fragepronomen 696

24

Fragesignal

utrum

Wahlfrage 697

der Eifer
die Bemühung

beschäftigt *(m. etw.)*

wer? *(von zweien)*

unübersetzt (in direkten Fragen)
ob *(in indirekten Fragen)*

24

Fragesignal

an

698

24

Verb

certāre
certō
certāvī
certātum

a-Konjugation
v-Perfekt

699

24

Verb

cōnsentīre
cōnsentiō
cōnsēnsī
cōnsēnsum

i-Konjugation
s-Perfekt

700

24

Adjektiv

uterque, utraque, utrumque
Gen.: **utrīusque**
Dat.: **utrīque**

a-/o-Deklination
Adjektive auf -(e)r

701

oder (etwa)

streiten
kämpfen

übereinstimmen

jeder *(von zweien)*
beide

24

Adjektiv

alter, altera, alterum
Gen.: **alterīus**
Dat.: **alterī**

a-/o-Deklination
Adjektive auf -(e)r

702

24

Subjunktion

quoniam

kausal

703

24

Verb

opus est

(m. Dat. und) m. Abl.

unpersönl. Ausdruck

704

24

Adjektiv

ambō, ambae, ambō
Dat.: **ambōbus, ambābus, ambōbus**

Pl.

a-/o-Deklination

705

der eine *(von zweien)*
der andere *(von zweien)*

da … ja
wo … doch

es ist nötig
(jmd.) **braucht** ***etw.***

beide

24

Adjektiv

prior, prior, prius
Gen.: **priōris**

Kons. Deklination
zweiendig / Komparativ

706

24

Zahlwort

sex

indekl.

Grundzahl

707

24

Adverb

paulō

708

24

Adverb

post

709

der erste *(von zweien)*
der frühere

sechs

(ein) wenig

später
danach

24

Substantiv

avis
avis
Gen. Pl.: **avium**

f

Kons. Deklination 710

24

Substantiv

mōmentum
mōmentī

n

o-Deklination 711

24

Verb

commovēre
commoveō
commōvī
commōtum

e-Konjugation
Dehnungsperfekt 712

24

Verb

irrīdēre
irrīdeō
irrīsī
irrīsum

e-Konjugation
s-Perfekt 713

der Vogel

die Entscheidung
die Wichtigkeit

erregen
bewegen
veranlassen

verspotten
auslachen

24

Adverb

quemadmodum

714

24

Adjektiv

parvus, parva, parvum

a-/o-Deklination

715

24

Verb

circumdare
circumdō
circumdedī
circumdatum

a-Konjugation
Reduplikationsperfekt

716

24

Substantiv

audācia
audāciae

f

a-Deklination

717

wie
auf welche Weise

klein

umgeben
umzingeln

die Frechheit
die Kühnheit

24

Adjektiv

īrātus, īrāta, īrātum

a-/o-Deklination 718

24

Verb

interficere
interficiō
interfēcī
interfectum

kurzvok. i-Konjugation
Dehnungsperfekt 719

24

Verb

obtinēre
obtineō
obtinuī
obtentum

e-Konjugation
u-Perfekt 720

I 6

Adjektiv

***tertius, tertia, tertium**

a-/o-Deklination
Ordnungszahl 721

zornig
wütend

töten

erlangen
behaupten

der dritte

I 6

Adjektiv

***sextus, sexta, sextum**

a-/o-Deklination
Ordnungszahl

722

I 6

Adjektiv

***septimus, septima, septimum**

a-/o-Deklination
Ordnungszahl

723

I 6

Adjektiv

***octāvus, octāva, octāvum**

a-/o-Deklination
Ordnungszahl

724

I 6

Adjektiv

***quīntus, quīnta, quīntum**

a-/o-Deklination
Ordnungszahl

725

der sechste

der siebte

der achte

der fünfte

I 6

Adjektiv

***nōnus, nōna, nōnum**

a-/o-Deklination
Ordnungszahl

726

I 6

Adjektiv

***quārtus, quārta, quārtum**

a-/o-Deklination
Ordnungszahl

727

I 6

Adjektiv

***centēsimus, centēsima, centēsimum**

a-/o-Deklination
Ordnungszahl

728

I 6

Zahlwort

***centum**

indekl.

Grundzahl

729

der neunte

der vierte

der hundertste

hundert

I 6

Zahlwort

***septem**

indekl.

Grundzahl 730

I 6

Zahlwort

***octō**

indekl.

Grundzahl 731

I 6

Zahlwort

***novem**

indekl.

Grundzahl 732

I 6

Verb

***compōnere**
compōnō
composuī
compositum

Kons. Konjugation
u-Perfekt 733

sieben

acht

neun

zusammenstellen
ordnen
verfassen
schlichten

I 6

Verb

***corrumpere**
corrumpō
corrūpī
corruptum

Kons. Konjugation
Dehnungsperfekt
734

25

Adjektiv

superbus, superba, superbum

a-/o-Deklination
735

25

Verb

imperāre
imperō
imperāvī
imperātum

(m. Dat.)

a-Konjugation
v-Perfekt
736

25

Substantiv

plēbs
plēbis

f

Kons. Deklination
737

vernichten
verderben
bestechen

stolz
arrogant

befehlen
herrschen *(über)*

die Plebejer
das *(einfache)* **Volk**
die Masse

25

Substantiv

patrēs
patrum

m Pl.

Kons. Deklination
Pluralwort 738

25

Substantiv

mūnus
mūneris

n

Kons. Deklination 739

25

Adjektiv

inimīcus, inimīca, inimīcum

a-/o-Deklination 740

25

Substantiv

prīnceps
prīncipis

m

Kons. Deklination 741

die Patrizier
die Senatoren

das Amt
die Aufgabe
das Geschenk

feindlich
Subst.: **der Feind**

der Angesehenste
der führende Mann
der Herrscher

25

Substantiv

nepōs
nepōtis

m

Kons. Deklination 742

25

Verb

parcere
parcō
pepercī

m. Dat.

Kons. Konjugation
Reduplikationsperfekt 743

25

Subjunktion

quia

kausal 744

25

Verb

fingere
fingō
fīnxī
fictum

Kons. Konjugation
s-Perfekt 745

der Enkel
der Neffe

(jmdn.) **schonen**

weil

formen
gestalten
sich ausdenken
vortäuschen

25

Verb

sē fingere

Wendung 746

25

Substantiv

iniūria
iniūriae

f

a-Deklination 747

25

Verb

perspicere
perspiciō
perspexī
perspectum

kurzvok. i-Konjugation
s-Perfekt 748

25

Adjektiv

tūtus, tūta,
tūtum

a-/o-Deklination 749

sich ... stellen

das Unrecht
die Gewalttat
die Ungerechtigkeit

erkennen
genau sehen
durchschauen

sicher
geschützt

25

Substantiv

diēs
diēī

m

e-Deklination 750

25

Adjektiv

terribilis, terribilis, terribile
Gen.: **terribilis**

Kons. Deklination
zweiendig 751

25

Verb

cōnsulere
cōnsulō
cōnsuluī
cōnsultum

m. Akk. / m. Dat.

Kons. Konjugation
u-Perfekt 752

25

Substantiv

comes
comitis

m / f

Kons. Deklination 753

der Tag

schrecklich

m. Akk.: **um Rat fragen**
m. Akk.: **befragen**
m. Dat.: **sorgen für**

der Begleiter / die Begleiterin

25

Substantiv

gaudium
gaudiī

n

o-Deklination 754

25

Verb

afficere
afficiō
affēcī
affectum

m. Abl.

kurzvok. i-Konjugation
Dehnungsperfekt 755

25

Adverb

eō

756

25

Substantiv

mandātum
mandātī

n

o-Deklination 757

die Freude

versehen mit etw.

dorthin

der Auftrag

25

Verb

perficere
perficiō
perfēcī
perfectum

kurzvok. i-Konjugation
Dehnungsperfekt

758

25

Adverb

aliquandō

759

25

Verb

fīnīre
fīniō
fīnīvī
fīnītum

i-Konjugation
v-Perfekt

760

25

Verb

agitāre
agitō
agitāvī
agitātum

a-Konjugation
v-Perfekt

761

ausführen
vollenden

irgendwann (einmal)
einst

enden
beenden

treiben
antreiben

25

Substantiv

ingenium
ingeniī

n

o-Deklination 762

25

Substantiv

ōs
ōris

n

Kons. Deklination 763

25

Adjektiv

mollis, mollis,
molle
Gen.: **mollis**

Kons. Deklination
zweiendig 764

25

Verb

pellere
pellō
pepulī
pulsum

Kons. Konjugation
Reduplikationsperfekt 765

die Begabung
der Verstand
der Charakter

der Mund
das Gesicht

freundlich
weich
angenehm

schlagen
stoßen
vertreiben

26

Substantiv

arx
arcis
Gen. Pl.: **arcium**

f

Kons. Deklination 766

26

Verb

expūgnāre
expūgnō
expūgnāvī
expūgnātum

a-Konjugation
v-Perfekt 767

26

Substantiv

nātūra
nātūrae

f

a-Deklination 768

26

Adjektiv

tot

indekl.

769

die Burg
(der höher gelegene und befestigte Teil einer Stadt)

erobern
erstürmen

die Beschaffenheit
die Natur
das Wesen

so viele

26

Substantiv

vigilia
vigiliae

f

a-Deklination 770

26

Adjektiv

dīligēns, dīligēns,
dīligēns
Gen.: **dīligentis**

Kons. Deklination
einendig 771

26

Verb

custōdīre
custōdiō
custōdīvī
custōdītum

i-Konjugation
v-Perfekt 772

26

Adjektiv

angustus, angusta,
angustum

a-/o-Deklination 773

die Wache
der Wachtposten *(nachts)*

gewissenhaft
sorgfältig

bewachen

eng
schwierig

26

Adjektiv

paucī, paucae, pauca

Pl.

a-/o-Deklination 774

26

Verb

mūnīre
mūniō
mūnīvī
mūnītum

i-Konjugation
v-Perfekt 775

26

Substantiv

somnus
somnī

m

o-Deklination 776

26

Verb

prīvāre
prīvō
prīvāvī
prīvātum

(m. Abl.)

a-Konjugation
v-Perfekt 777

(nur) wenige

befestigen

der Schlaf

(einer Sache) **berauben**
(um etw.) **bringen**

26

Verb

animadvertere
animadvertō
animadvertī
animadversum

m. AcI / Akk.

Kons. Konjugation
Perfekt ohne Stammveränderung 778

26

Verb

animadvertere in

m. Akk.

Wendung 779

26

Substantiv

cōpia
cōpiae

f

a-Deklination 780

26

Verb

succēdere
succēdō
successī
successum

Kons. Konjugation
s-Perfekt 781

bemerken
entdecken

vorgehen gegen jmdn.

der Vorrat
die Menge
Pl. auch: **die Truppen**

anrücken (gegen)
folgen
nachfolgen

26

Verb

temptāre
temptō
temptāvī
temptātum

a-Konjugation
v-Perfekt

782

26

Verb

ascendere
ascendō
ascendī
ascēnsum

Kons. Konjugation
Perfekt ohne Stammveränderung

783

26

Adverb

immō

784

26

Verb

fallere
fallō
fefellī

Kons. Konjugation
Reduplikationsperfekt

785

prüfen
versuchen
angreifen

hinaufsteigen
hinaufklettern

ja sogar
im Gegenteil

täuschen
betrügen

26

Adjektiv

sacer, sacra, sacrum

a-/o-Deklination 786
Adjektive auf -(e)r

26

Substantiv

inōpia
inōpiae

f

a-Deklination 787

26

Verb

excitāre
excitō
excitāvī
excitātum

a-Konjugation 788
v-Perfekt

26

Substantiv

virtūs
virtūtis

f

Kons. Deklination 789

heilig
geweiht

der Mangel

wecken
aufwecken
erregen
ermuntern

die Tüchtigkeit
die Tapferkeit
die Tugend
Pl. auch: **gute Eigenschaften**

26

Verb

rapere
rapiō
rapuī
raptum

kurzvok. i-Konjugation
u-Perfekt

790

26

Verb

oppūgnāre
oppūgnō
oppūgnāvī
oppūgnātum

a-Konjugation
v-Perfekt

791

26

Substantiv

līberī
līberōrum

m Pl.

o-Deklination
Substantive auf -(e)r, Pluralwort

792

26

Adjektiv

fortis, fortis,
forte
Gen.: **fortis**

Kons. Deklination
zweiendig

793

reißen
an sich reißen
wegreißen
rauben

angreifen
belagern

die Kinder

tapfer
mutig
kräftig

26

Verb

pervenīre
perveniō
pervēnī
perventum

i-Konjugation
Dehnungsperfekt

794

26

Verb

ruere
ruō
ruī

(**in** *m. Akk.*)

Kons. Konjugation
Perfekt ohne Stammveränderung

795

26

Substantiv

aciēs
aciēī

f

e-Deklination

796

27

Adjektiv

obscūrus, obscūra, obscūrum

a-/o-Deklination

797

hinkommen
ankommen
gelangen

(auf jmdn.) **losstürmen**
einstürzen

das *(kampfbereite)* **Heer**
die Schlachtordnung

(ziemlich) **dunkel**
finster

27

Verb

cernere
cernō

Kons. Konjugation 798

27

Substantiv

lūmen
lūminis

n

Kons. Deklination 799

27

Adjektiv

parcus, parca,
parcum

a-/o-Deklination 800

27

Substantiv

aurum
aurī

n

o-Deklination 801

erkennen
sehen

das Licht
das Augenlicht
das Auge

spärlich
sparsam

das Gold

27

Substantiv

māgnitūdō
māgnitūdinis

f

Kons. Deklination 802

27

Zahlwort

novem

indekl.

Grundzahl 803

27

Substantiv

manus
manūs

f

u-Deklination 804

27

Pronomen

ille, illa, illud
Gen.: **illīus**
Dat.: **illī**

demonstrativ 805

die Größe

neun

die Hand
die Schar

jener, jene, jenes
(berühmte / berüchtigte)
der, die, das zuerst genannte

27

Substantiv

metus
metūs

m

u-Deklination 806

27

Pronomen

quī, quae, quod?
Gen.: **cuius**
Dat.: **cui**

interrogativ 807

27

Substantiv

aedis
aedis
Gen. Pl.: **aedium**

f

Kons. Deklination 808

27

Konjunktion

at

809

die Angst
die Furcht

welcher, welche, welches?

der Tempel
Pl. auch: das Haus

aber
doch
jedoch
dagegen

27

Substantiv

avāritia
avāritiae

f

a-Deklination 810

27

Substantiv

senātus
senātūs

m

u-Deklination 811

27

Verb

ēripere
ēripiō
ēripuī
ēreptum

kurzvok. i-Konjugation
u-Perfekt 812

27

Substantiv

exercitus
exercitūs

m

u-Deklination 813

die Gier
die Habsucht
der Geiz

der Senat
die Senatsversammlung

entreißen

das Heer

27

Verb

necesse est

unpersönl. Ausdruck 814

27

Verb

arcēre
arceō
arcuī

e-Konjugation
u-Perfekt 815

27

Verb

trāicere
trāiciō
trāiēcī
trāiectum

kurzvok. i-Konjugation
Dehnungsperfekt 816

27

Präposition

contrā

m. Akk.

817

es ist notwendig

abwehren
fernhalten

hinüberbringen
über**setzen**

gegen

27

Substantiv

fīnis
fīnis
Gen. Pl.: **fīnium**

m

Kons. Deklination 818

27

Verb

īnstituere
īnstituō
īnstituī
īnstitūtum

Kons. Konjugation
Perfekt ohne Stammveränderung 819

27

Substantiv

castra
castrōrum

n Pl.

o-Deklination
Pluralwort 820

27

Substantiv

dīgnitās
dīgnitātis

f

Kons. Deklination 821

das Ende
die Grenze
der Zweck
Pl.: **das Gebiet**

beginnen
einrichten
unterrichten

das Lager

die Würde
das Ansehen

27

Verb

neglegere
neglegō
neglēxī
neglēctum

Kons. Konjugation
s-Perfekt

822

27

Substantiv

mīles
mīlitis

m

Kons. Deklination

823

27

Verb

pōstulāre
pōstulō
pōstulāvī
pōstulātum

a-Konjugation
v-Perfekt

824

27

Verb

addūcere
addūcō
addūxī
adductum

Kons. Konjugation
s-Perfekt

825

nicht achten
nicht beachten
vernachlässigen

der Soldat

fordern

heranführen
veranlassen

27

Substantiv

amīcitia
amīcitiae

f

a-Deklination 826

27

Substantiv

odium
odiī

n

o-Deklination 827

8; 28

Subjunktion

ut

m. Ind. / m. Konj.

final / konsekutiv 828

28

Substantiv

auris
auris
Gen. Pl.: **aurium**

f

Kons. Deklination 829

die Freundschaft

der Hass

m. Ind.: **wie**
m. Konj. (final): **dass, damit**
m. Konj. (konsekutiv): **dass, sodass**

das Ohr

28

Subjunktion

nē

m. Konj.

final 830

28

Adjektiv

quantus, quanta, quantum

a-/o-Deklination 831

28

Adverb

ante

832

28

Substantiv

scelus sceleris

n

Kons. Deklination 833

dass nicht
damit nicht

wie groß
was für ein

vorher

das Verbrechen

28

Verb

volvere
volvō
volvī
volūtum

Kons. Konjugation
Perfekt ohne Stammveränderung

834

28

Pronomen

iste, ista, istud
Gen.: **istīus**
Dat.: **istī**

demonstrativ

835

28

Substantiv

coniūrātiō
coniūrātiōnis

f

Kons. Deklination

836

28

Adverb

cottīdiē

837

rollen
wälzen
überlegen

dieser, diese, dieses (da)
der, die, das (da)
dein / euer

die Verschwörung

täglich
Tag für Tag

28

Substantiv

interitus
interitūs

m

u-Deklination 838

28

Verb

patēre
pateō
patuī

e-Konjugation
u-Perfekt
839

28

Adjektiv

proximus, proxima, proximum

a-/o-Deklination
Superlativ
840

28

Verb

inīre
ineō
iniī
initum

Sonderkonjugation 841

der Untergang

offenstehen
klar sein

der nächste
der letzte

hineingehen
eingehen
beginnen

28

Substantiv

ratiō
ratiōnis

f

Kons. Deklination 842

19; 28

Subjunktion

cum

m. Ind. / m. Konj.

temporal / kausal / konzessiv 843

28

Substantiv

dīligentia
dīligentiae

f

a-Deklination 844

28

Substantiv

domus, domūs
Abl. Sg.: **domō**
Gen. Pl.: **domōrum**
Akk. Pl.: **domōs**

f

u-Deklination 845

die Art und Weise
die Vernunft
der *(vernünftige)* Grund

m. Ind.: **als** (plötzlich), (immer) **wenn**
m. Konj. (temporal): **als, nachdem**
m. Konj. (kausal): da, **weil**
m. Konj. (konzessiv): **obwohl**

die Gewissenhaftigkeit
die Sorgfalt

das Haus

28

Substantiv

lectus
lectī

m

o-Deklination 846

28

Verb

audēre
audeō

e-Konjugation 847

28

Verb

id agere, ut

m. Konj.

Wendung 848

28

Verb

quiēscere
quiēscō
quiēvī

Kons. Konjugation
v-Perfekt 849

das Bett
das Liegesofa

wagen

sich dafür einsetzen, dass
alles darauf anlegen, dass

ruhen
ausruhen
schlafen

28

Substantiv

cōnsultum
cōnsultī

n

o-Deklination 850

28

Verb

concēdere
concēdō
concessī
concessum

Kons. Konjugation
s-Perfekt 851

28

Substantiv

supplicium
suppliciī

n

o-Deklination 852

28

Adverb

tantum

853

der Beschluss

erlauben
zugestehen
einräumen

die Hinrichtung
die Todesstrafe
die Strafe

nur

28

Substantiv

praesidium
praesidiī

n

o-Deklination 854

28

Verb

obsidēre
obsideō
obsēdī
obsessum

e-Konjugation
Dehnungsperfekt 855

28

Verb

circumvenīre
circumveniō
circumvēnī
cirumventum

i-Konjugation
Dehnungsperfekt 856

28

Substantiv

praesentia
praesentiae

f

a-Deklination 857

der Schutz
Pl.: die Schutztruppe

belagern
bedrängen

umzingeln
umringen

die Gegenwart

I 7

Substantiv

***tellūs**
tellūris

f

Kons. Deklination 858

I 7

Substantiv

***nix**
nivis

f

Kons. Deklination 859

I 7

Substantiv

***silva**
silvae

f

a-Deklination 860

I 7

Substantiv

***lacus**
lacūs

m

u-Deklination 861

die Erde
der Erdboden

der Schnee

der Wald

der See
der Teich

I 7

Substantiv

***fōns**
fontis
Gen. Pl.: **fontium**

m

Kons. Deklination 862

I 7

Substantiv

***aequor**
aequoris

n

Kons. Deklination 863

I 7

Substantiv

***hiems**
hiemis

f

Kons. Deklination 864

I 7

Verb

***volāre**
volō
volāvī
volātum

a-Konjugation
v-Perfekt 865

die Quelle

das Meer

der Winter
das Unwetter

fliegen

I 7

Substantiv

***aestus**
aestūs

m

u-Deklination 866

I 7

Substantiv

***frūctus**
frūctūs

m

u-Deklination 867

I 7

Substantiv

***vēr**
vēris

n

Kons. Deklination 868

I 7

Verb

***fluere**
fluō
flūxī

Kons. Konjugation
s-Perfekt 869

die Hitze
die Flut

die Frucht
der Ertrag
der Nutzen

der Frühling

fließen

I 7

Verb

***flōrēre**
flōreō
flōruī

e-Konjugation
u-Perfekt

870

I 7

Verb

***fulgēre**
fulgeō
fulsī

e-Konjugation
s-Perfekt

871

I 7

Adjektiv

***grātus, grāta, grātum**

a-/o-Deklination

872

I 7

Adjektiv

***dulcis, dulcis, dulce**
Gen.: **dulcis**

Kons. Deklination
zweiendig

873

blühen

glänzen
leuchten
blitzen

dankbar
willkommen
beliebt

süß
angenehm
lieb
lieblich

29

Substantiv

adventus
adventūs

m

u-Deklination 874

29

Adjektiv

mīrus, mīra, mīrum

a-/o-Deklination 875

29

Substantiv

cūstōs
cūstōdis

m / f

Kons. Deklination 876

29

Adverb

prōtinus

877

die Ankunft

wunderbar
erstaunlich

der Wächter / die Wächterin
die Wache

sofort

29

Verb

nūntiāre
nūntiō
nūntiāvī
nūntiātum

a-Konjugation
v-Perfekt

878

29

Fragesignal

num

in indirekten Fragen

Satzfrage

879

29

Adverb

omnīnō

880

29

Substantiv

aditus
aditūs

m

u-Deklination

881

melden

in der indir. Frage: **ob**

überhaupt
insgesamt

der Zugang
der Zutritt

29

Verb

claudere
claudō
clausī
clausum

Kons. Konjugation
s-Perfekt

882

29

Verb

suscipere
suscipiō
suscēpī
susceptum

kurzvok. i-Konjugation
Dehnungsperfekt

883

29

Adjektiv

occultus, occulta,
occultum

a-/o-Deklination

884

29

Adjektiv

tālis, tālis,
tāle
Gen.: **tālis**

Kons. Deklination
zweiendig

885

schließen
abschließen
einschließen

unternehmen
sich *(einer Sache)* annehmen
auf sich nehmen

heimlich
geheim
verborgen

derartig
(ein) solcher
so beschaffen

29

Verb

dēlīberāre
dēlīberō
dēlīberāvī
dēlīberātum

a-Konjugation
v-Perfekt

886

29

Adjektiv

familiāris, familiāris,
familiāre
Gen.: **familiāris**

Kons. Deklination
zweiendig

887

29

Verb

exīre
exeō
exiī

Sonderkonjugation

888

29

Verb

comprehendere
comprehendō
comprehendī
comprehēnsum

Kons. Konjugation
Perfekt ohne Stammveränderung

889

überlegen

vertraut
freundschaftlich
Subst.: **der Freund**

hinausgehen

ergreifen
festnehmen
begreifen

29

Substantiv

onus
oneris

n

Kons. Deklination 890

29

Substantiv

umerus
umerī

m

o-Deklination 891

29

Substantiv

mora
morae

f

a-Deklination 892

29

Verb

dēpōnere
dēpōnō
dēposuī
dēpositum

Kons. Konjugation
u-Perfekt 893

die Last

der Oberarm
die Schulter

die Verzögerung
der Aufenthalt

niederlegen
aufgeben

29

Adverb

repente

894

29

Adjektiv

clārus, clāra, clārum

a-/o-Deklination 895

29

Substantiv

admīrātiō admīrātiōnis

f

Kons. Deklination 896

29

Verb

incēdere incēdō incessī incessum

Kons. Konjugation
s-Perfekt 897

plötzlich
unerwartet

hell
klar
berühmt

die Bewunderung
die Begeisterung

befallen
einhergehen

29

Verb

circumstāre
circumstō
circumstetī

a-Konjugation
Reduplikationsperfekt 898

29

Adverb

quantopere

899

29

Verb

rumpere
rumpō
rūpī
ruptum

Kons. Konjugation
Dehnungsperfekt 900

29

Adverb

prius

Kons. Deklination
Komparativ 901

um ... herum stehen

wie sehr

brechen
zerbrechen

zuerst
früher

29

Substantiv

libīdō
libīdinis

f

Kons. Deklination 902

29

Verb

accendere
accendō
accendī
accēnsum

Kons. Konjugation
Perfekt ohne Stammveränderung 903

30

Verb

īgnōscere
īgnōscō
īgnōvī
īgnōtum

Kons. Konjugation
v-Perfekt 904

30

Substantiv

quiēs
quiētis

f

Kons. Konjugation 905

das *(heftige)* **Verlangen**
die Lust

in Brand setzen
entflammen
aufregen

verzeihen

die Ruhe
die Erholung

30

Verb

interrumpere
interrumpō
interrūpī
interruptum

Kons. Konjugation
Dehnungsperfekt

906

30

Verb

differre
differō
distulī
dīlātum

Sonderkonjugation

907

30

Substantiv

tribūnus
tribūnī

m

o-Deklination

908

30

Adverb

crās

909

unterbrechen

aufschieben
verschieben
sich unterscheiden

der Tribun
der Militärtribun

morgen

30

Adjektiv

malus, mala, malum

a-/o-Deklination 910

30

Verb

ferre
ferō
tulī
lātum
Imp. Sg.: **fer!**

Sonderkonjugation 911

30

Substantiv

pars
partis
Gen. Pl.: **partium**

f

Kons. Deklination 912

30

Substantiv

terror
terrōris

m

Kons. Deklination 913

schlecht
schlimm

bringen
tragen
ertragen
berichten

der Teil
die Seite
die Richtung

der Schrecken
die Schreckensnachricht

30

Verb

afferre
afferō
attulī
allātum

Sonderkonjugation 914

30

Verb

referre
referō
rettulī
relātum

Sonderkonjugation 915

30

Verb

pācāre
pācō
pācāvī
pācātum

a-Konjugation
v-Perfekt
916

30

Substantiv

lēgātus
lēgātī

m

o-Deklination 917

herbeibringen
bringen
melden

zurückbringen
bringen
berichten

unterwerfen

der Gesandte

30

Substantiv

pāx
pācis

f

Kons. Deklination 918

30

Verb

(oportēre)
oportet
oportuit

e-Konjugation
unpersönl. Ausdruck / u-Perfekt 919

30

Substantiv

legiō
legiōnis

f

Kons. Deklination 920

30

Adjektiv

nimius, nimia,
nimium

a-/o-Deklination 921

der Frieden

es ist nötig
es gehört sich
es ist angebracht

die Legion

zu groß
übermäßig

30

Verb

caedere
caedō
cecīdī
caesum

Kons. Konjugation
Reduplikationsperfekt

922

30

Substantiv

calamitās
calamitātis

f

Kons. Deklination

923

30

Adjektiv

nōnnūllī, nōnnūllae, nōnnūlla

Pl.

a-/o-Deklination

924

30

Substantiv

iūstitia
iūstitiae

f

a-Deklination

925

niederschlagen
töten

das Unglück
der Verlust
die Niederlage

einige
manche

die Gerechtigkeit

30

Substantiv

laus
laudis

f

Kons. Deklination 926

30

Verb

efferre
efferō
extulī
ēlātum

Sonderkonjugation 927

30

Substantiv

suspīciō
suspīciōnis

f

Kons. Deklination 928

30

Adjektiv

medius, media,
medium

a-/o-Deklination 929

das Lob
der Ruhm

heraustragen
herausheben
hervorbringen

der Verdacht
die Vermutung

der mittlere
in der Mitte (von)

30

Verb

perferre
perferō
pertulī
perlātum

Sonderkonjugation 930

30

Verb

tendere
tendō
tetendī
tentum

Kons. Konjugation
Reduplikationsperfekt 931

30

Adverb

adeō

932

30

Verb

ferunt

Sonderkonjugation
unpersönl. Ausdruck 933

ertragen
überbringen
bringen

strecken
ausstrecken
spannen

so sehr

man berichtet

31

Adjektiv

rēgius, rēgia, rēgium

a-/o-Deklination 934

31

Substantiv

fenestra fenestrae

f

a-Deklination 935

31

Verb

dēspicere dēspiciō dēspexī dēspectum

kurzvok. i-Konjugation
s-Perfekt 936

31

Substantiv

aspectus aspectūs

m

u-Deklination 937

königlich

das Fenster

(auf etw.) herabblicken
verachten

der Anblick

31

Adjektiv

vetus, vetus, vetus
Gen. Sg.: **veteris**
Abl. Sg.: **vetere**
Nom. / Akk. Pl.: **vetera**
Gen. Pl.: **veterum**

Kons. Deklination
einendig

938

31

Substantiv

aedificium
aedificiī

n

o-Deklination

939

31

Substantiv

vīcus
vīcī

m

o-Deklination

940

31

Substantiv

versus
versūs

m

u-Deklination

941

alt
ehemalig
erfahren

das Gebäude
das Bauwerk

die Gasse
das Viertel
das Stadtviertel
das Dorf

der Vers

31

Verb

recitāre
recitō
recitāvī
recitātum

a-Konjugation
v-Perfekt

942

31

Adjektiv

vīvus, vīva,
vīvum

a-/o-Deklination

943

31

Substantiv

īgnis
īgnis
Gen. Pl.: **īgnium**

m

Kons. Deklination

944

31

Zahlwort

septem

indekl.

Grundzahl

945

vortragen
vorlesen

lebendig
zu Lebzeiten

das Feuer
der Brand

sieben

31

Adverb

ferē

946

31

Subjunktion

nē

m. Konj.

final

947

31

Substantiv

turris, turris
Akk. Sg.: **turrim**
Abl. Sg.: **turrī**
Gen. Pl.: **turrium**

f

Kons. Deklination

948

31

Verb

occidere
óccidō
óccidī

Kons. Konjugation
Reduplikationsperfekt

949

beinahe
fast
ungefähr

dass nicht
damit nicht
nach Ausdrücken des Fürchtens:
dass

Durch diese Karte kannst du Karte 830 ersetzen

der Turm

untergehen
umkommen

31

Verb

canere
canō
cecinī
cantātum

Kons. Konjugation
Reduplikationsperfekt

950

31

Substantiv

clādēs
clādis
Gen. Pl.: **clādium**

f

Kons. Deklination

951

31

Verb

premere
premō
pressī
pressum

Kons. Konjugation
s-Perfekt

952

31

Adjektiv

necessārius,
necessāria,
necessārium

a-/o-Deklination

953

singen
besingen

die Niederlage
der Verlust

drücken
unterdrücken
bedrängen

notwendig

31

Substantiv

sēditiō
sēditiōnis

f

Kons. Deklination 954

31

Verb

suādēre
suādeō
suāsī
suāsum

e-Konjugation
s-Perfekt 955

31

Substantiv

hortus
hortī

m

o-Deklination 956

31

Substantiv

frūmentum
frūmentī

n

o-Deklination 957

der Aufruhr
der Aufstand

raten
zureden

der Garten

das Getreide

31

Verb

minuere
minuō
minuī
minūtum

Kons. Konjugation
Perfekt ohne Stammveränderung 958

31

Adverb

simul

959

31

Adjektiv

aureus, aurea, aureum

a-/o-Deklination 960

31

Substantiv

fāma
fāmae

f

a-Deklination 961

vermindern
verringern

gleichzeitig
zugleich

golden
aus Gold

das Gerücht
der Ruf

31

Substantiv

auctor
auctōris

m

Kons. Deklination 962

31

Substantiv

crīmen
crīminis

n

Kons. Deklination 963

31

Verb

damnāre
damnō
damnāvī
damnātum

a-Konjugation
v-Perfekt 964

31

Substantiv

poena
poenae

f

a-Deklination 965

der Gründer, der Begründer
der Anstifter
der Veranlassser
der Verfasser

der Vorwurf
das Verbrechen

verurteilen

die Strafe

32

Verb

continēre
contineō
continuī

e-Konjugation
u-Perfekt

966

32

Verb

sē continēre

Wendung

967

32

Präposition

extrā

m. Akk.

968

32

Adjektiv

fīdus, fīda, fīdum

a-/o-Deklination

969

halten
festhalten
enthalten

sich aufhalten

außerhalb
über … hinaus

treu
treu ergeben

32

Verb

gerere
gerō
gessī
gestum

Kons. Konjugation
s-Perfekt 970

32

Verb

vincere
vincō
vīcī
victum

Kons. Konjugation
Dehnungsperfekt 971

32

Adjektiv

certus, certa,
certum

a-/o-Deklination 972

32

Adverb

propius

Komparativ 973

führen
ausführen
tragen

siegen
besiegen
übertreffen

sicher
gewiss
bestimmt
zuverlässig

näher

32

Präposition

adversus

m. Akk.

974

32

Verb

recreāre
recreō
recreāvī
recreātum

a-Konjugation
v-Perfekt

975

32

Substantiv

crux
crucis

f

Kons. Deklination

976

32

Adjektiv

armātus, armāta,
armātum

a-/o-Deklination

977

gegen
gegenüber

wiederherstellen

das Kreuz

bewaffnet

32

Substantiv

ferrum
ferrī

n

o-Deklination 978

32

Verb

prōcēdere
prōcēdō
prōcessī
prōcessum

Kons. Konjugation
s-Perfekt 979

32

Adjektiv

suprēmus, suprēma, suprēmum

a-/o-Deklination
Superlativ 980

32

Adjektiv

pār, pār, pār
Gen.: **paris**

Kons. Deklination
einendig 981

das Eisen
die Waffe(n)

vorrücken
vorankommen

der letzte
der höchste
der oberste

gleich

32

Substantiv

frōns
frontis
Gen. Pl.: **frontium**

f

Kons. Deklination 982

32

Adverb

velut

983

32

Substantiv

rēs pūblica
reī pūblicae

f

e-Dekl. / a-Dekl. 984

32

Substantiv

liber
librī

m

o-Deklination
Substantive auf -(e)r 985

die Stirn
die Vorderseite
die Front

wie
wie zum Beispiel

der Staat

das Buch

32

Verb

īnspicere
īnspiciō
īnspexī
īnspectum

(m. Akk.)

kurzvok. i-Konjugation
s-Perfekt 986

32

Verb

reperīre
reperiō
répperī
repertum

i-Konjugation
Reduplikationsperfekt 987

32

Substantiv

victōria
victōriae

f

a-Deklination 988

32

Verb

indūcere
indūcō
indūxī
inductum

Kons. Konjugation
s-Perfekt 989

hineinschauen *(in etw.)*

finden
wiederfinden

der Sieg

hineinführen
einführen
verleiten

32

Verb

fugāre
fugō
fugāvī
fugātum

a-Konjugation
v-Perfekt
990

32

Substantiv

multitūdō
multitūdinis

f

Kons. Deklination
991

32

Substantiv

flūmen
flūminis

n

Kons. Deklination
992

32

Verb

cōnficere
cōnficiō
cōnfēcī
cōnfectum

kurzvok. i-Konjugation
Dehnungsperfekt
993

in die Flucht schlagen

die große Anzahl
die Menge

der Fluss

beenden
erledigen

32

Substantiv

potestās
potestātis

f

Kons. Deklination 994

32

Substantiv

religiō
religiōnis

f

Kons. Deklination 995

32

Pronomen

quisque

indefinit 996

18

Substantiv

***bracchium**
bracchiī

n

o-Deklination 997

die Möglichkeit
die Gewalt
die Amtsgewalt
die Macht

die Verehrung
die Gottesverehrung
der Glaube
der Aberglaube

(ein) jeder

der Arm

18

Substantiv

***pectus**
pectoris

n

Kons. Deklination 998

18

Substantiv

***barba**
barbae

f

a-Deklination 999

18

Substantiv

***collum**
collī

n

o-Deklination 1000

18

Substantiv

***faciēs**
faciēī

f

e-Deklination 1001

die Brust

der Bart

der Hals

das Gesicht

18

Substantiv

***capillī**
capillōrum

m Pl.

o-Deklination
Pluralwort

1002

18

Substantiv

***digitus**
digitī

m

o-Deklination

1003

18

Substantiv

***membrum**
membrī

n

o-Deklination

1004

18

Substantiv

***nāsus**
nāsī

m

o-Deklination

1005

die Haare

der Finger

das Glied
der Körperteil

die Nase

18

Substantiv

***dēns**
dentis
Gen. Pl.: **dentium**

f

Kons. Deklination 1006

18

Substantiv

***cor**
cordis

n

Kons. Deklination 1007

18

Substantiv

***cutis**
cutis

f

Kons. Deklination 1008

18

Substantiv

***os**
ossis

n

Kons. Deklination 1009

der Zahn

das Herz

die Haut

der Knochen

33

Adjektiv

sānctus, sāncta, sānctum

a-/o-Deklination 1010

33

Adverb

imprīmīs

1011

33

Verb

ōrnāre
ōrnō
ōrnāvī
ōrnātum

a-Konjugation
v-Perfekt 1012

33

Verb

subīre
subeō
subiī
subitum

Sonderkonjugation 1013

ehrwürdig
heilig

besonders
insbesondere

schmücken
ausstatten

auf sich nehmen
herangehen

33

Adverb

umquam

1014

33

Substantiv

memoria
memoriae

f

a-Deklination 1015

33

Verb

intellegere
intellegō
intellēxī
intellēctum

Kons. Konjugation
s-Perfekt 1016

33

Substantiv

lūdus
lūdī

m

o-Deklination 1017

jemals

die Erinnerung
das Gedächtnis
die Zeit

verstehen
erkennen
einsehen

das Spiel
die Schule

33

Verb

discere
discō
didicī

Kons. Konjugation
Reduplikationsperfekt 1018

33

Substantiv

beneficium
beneficiī

n

o-Deklination 1019

33

Verb

tribuere
tribuō
tribuī
tribūtum

Kons. Konjugation
Perfekt ohne Stammveränderung 1020

33

Verb

efficere
efficiō
effēcī
effectum

kurzvok. i-Konjugation
Dehnungsperfekt 1021

lernen
in Erfahrung bringen

die Wohltat

zuteilen
schenken
erweisen

bewirken
erreichen

33

Adjektiv

optimus, optima, optimum

a-/o-Deklination
Superlativ

1022

33

Adverb

praetereā

1023

33

Adverb

undique

1024

33

Adjektiv

plūrimī, plūrimae, plūrima

Pl.

a-/o-Deklination
Superlativ

1025

der beste
sehr gut

außerdem

von überall her

die meisten
sehr viele

33

Adverb

plūrimum

Superlativ 1026

33

Substantiv

iuventūs
iuventūtis

f

Kons. Deklination 1027

33

Pronomen

ūnusquisque
Gen.: **ūnīuscuiusque**
Dat.: **ūnīcuique**

indefinit 1028

33

Adjektiv

celer, celeris,
celere
Gen.: **celeris**

Kons. Deklination
dreiendig 1029

am meisten
sehr viel

die Jugend

jeder Einzelne

schnell

33

Adverb

quam

mit Komp. / m. Superl.

1030

33

Adjektiv

melior, melior, melius
Gen.: **meliōris**

Kons. Deklination
zweiendig / Komparativ

1031

33

Adjektiv

māior, māior, māius
Gen.: **māiōris**

Kons. Deklination
zweiendig / Komparativ

1032

33

Substantiv

ūsus
ūsūs

m

u-Deklination

1033

wie
wie sehr
nach Komparativ: **als**
vor Superlativ: **möglichst**

besser

größer

der Gebrauch
der Nutzen
die Erfahrung

33

Adjektiv

praeclārus, praeclāra, praeclārum

a-/o-Deklination 1034

33

Substantiv

carmen carminis

n

Kons. Deklination 1035

33

Verb

celebrāre celebrō celebrāvī celebrātum

a-Konjugation
v-Perfekt 1036

33

Adjektiv

māximus, māxima, māximum

a-/o-Deklination
Superlativ 1037

herrlich
ausgezeichnet
sehr bekannt

das Gedicht
das Lied

rühmen
verherrlichen
feiern

der größte
sehr groß

33

Substantiv

pecūnia
pecūniae

f

a-Deklination 1038

33

Verb

dōnāre
dōnō
dōnāvī
dōnātum

a-Konjugation
v-Perfekt 1039

33

Substantiv

lēx
lēgis

f

Kons. Deklination 1040

33

Subjunktion

dum

m. Ind.

temporal 1041

das Geld
das Vermögen

schenken
beschenken

das Gesetz
die Bedingung

solange
(solange) **bis**
m. Ind. Präs.: **während**

34

Fragewort

quīn?

im Hauptsatz

1042

34

Verb

contemplārī
contemplor
contemplātus sum

a-Konjugation
Deponentien

1043

34

Substantiv

occāsiō
occāsiōnis

f

Kons. Deklination

1044

34

Verb

offerre
offerō
obtulī
oblātum

Sonderkonjugation

1045

warum nicht?

(aus der Nähe genau) **betrachten**

die Gelegenheit

entgegenbringen
anbieten

34

Verb

verērī
vereor
veritus sum

e-Konjugation
Deponentien 1046

34

Substantiv

glōria
glōriae

f

a-Deklination 1047

34

Verb

parere
pariō
péperī
partum

kurzvok. i-Konjugation
Reduplikationsperfekt 1048

34

Präposition

propter

m. Akk.

1049

fürchten
sich scheuen
verehren

der Ruhm
die Ehre

erwerben
gewinnen
hervorbringen

wegen

34

Substantiv

malum
malī

n

o-Deklination 1050

34

Verb

patī
patior
passus sum

kurzvok. i-Konjugation
Deponentien 1051

34

Verb

āmittere
āmittō
āmīsī
āmissum

Kons. Konjugation
s-Perfekt 1052

34

Verb

hortārī
hortor
hortātus sum

a-Konjugation
Deponentien 1053

das Übel
das Leid
das Unglück

leiden
erleiden, ertragen
zulassen
geschehen lassen

verlieren

auffordern
ermuntern
ermahnen

34

Substantiv

cāsus
cāsūs

m

u-Deklination 1054

34

Verb

experīrī
experior
expertus sum

i-Konjugation
Deponentien 1055

34

Substantiv

saeculum
saeculī

n

o-Deklination 1056

34

Substantiv

māiōrēs
māiōrum

m Pl.

Kons. Deklination
Pluralwort 1057

der Fall
der Zufall
der Schicksalsschlag

erfahren
erleiden
versuchen

das Jahrhundert
die Welt

die Vorfahren

34

Substantiv

opera
operae

f

a-Deklination 1058

34

Adjektiv

varius, varia, varium

a-/o-Deklination 1059

34

Adverb

frūstrā

1060

34

Verb

cōnārī
cōnor
cōnātus sum

a-Konjugation
Deponentien 1061

die Arbeit
die Tätigkeit
die Mühe

verschieden
verschiedenartig

vergeblich

versuchen

34

Substantiv

impetus
impetūs

m

u-Deklination

1062

34

Konjunktion

quoque

(nachgestellt)

1063

34

Adjektiv

tertius, tertia, tertium

a-/o-Deklination
Ordnungszahl

1064

34

Adverb

dēnique

1065

der Angriff
der Schwung

auch

der dritte

schließlich
zuletzt

34

Verb

potīrī
potior
potītus sum

m. Abl.

i-Konjugation
Deponentien

1066

34

Verb

admīrārī
admīror
admīrātus sum

a-Konjugation
Deponentien

1067

34

Verb

indicāre
indicō
indicāvī
indicātum

a-Konjugation
v-Perfekt

1068

34

Verb

fīgere
fīgō
fīxī
fīxum

Kons. Konjugation
s-Perfekt

1069

etw. **in seine Gewalt bringen**

bewundern

anzeigen
angeben

heften
anheften
befestigen
auf etw. richten

34

Verb

prōtegere
prōtegō
prōtēxī
prōtēctum

Kons. Konjugation
s-Perfekt

1070

34

Verb

loquī
loquor
locūtus sum

Kons. Konjugation
Deponentien

1071

34

Substantiv

sanguis
sanguinis

m

Kons. Deklination

1072

35

Verb

contingere
contingō
cóntigī
contāctum

Kons. Konjugation
Reduplikationsperfekt

1073

schützen

reden
sprechen

das Blut

berühren
gelingen

35

Adjektiv

innocēns, innocēns, innocēns
Gen.: **innocentis**

Kons. Deklination
einendig 1074

35

Verb

ūtī
ūtor
ūsus sum

m. Abl.

Kons. Konjugation
Deponentien 1075

35

Adjektiv

supplex, supplex, supplex
Gen.: **supplicis**

Kons. Deklination
einendig 1076

35

Substantiv

magister
magistrī

m

o-Deklination
Substantive auf -(e)r 1077

unschuldig

etw. **benutzen**
etw. **gebrauchen**

bittend
flehend

der Lehrer

35

Verb

vidētur
videntur

m. Inf.

e-Konjugation
unpersönl. Ausdruck

1078

35

Substantiv

ōrātiō
ōrātiōnis

f

Kons. Deklination

1079

35

Substantiv

facultās
facultātis

f

Kons. Deklination

1080

35

Verb

aestimāre
aestimō
aestimāvī
aestimātum

a-Konjugation
v-Perfekt

1081

er, sie, es scheint *(etw. zu tun)*
sie scheinen *(etw. zu tun)*

die Rede

die Möglichkeit
die Gelegenheit

schätzen
einschätzen

35

Verb

merēre
mereō
meruī
meritum

e-Konjugation
u-Perfekt 1082

35

Verb

dīcitur
dīcuntur

m. Inf.

Kons. Konjugation
unpersönl. Ausdruck 1083

35

Adjektiv

amplus, ampla,
amplum

a-/o-Deklination 1084

35

Substantiv

praemium
praemiī

n

o-Deklination 1085

verdienen

man sagt, dass er, sie, es *(etw. tut)*
er, sie, es soll *(etw. tun)*
man sagt, dass sie *(etw. tun)*
sie sollen *(etw. tun)*

groß
großartig
bedeutend
angesehen

die Belohnung
die Auszeichnung

35

Adverb

māximē

Superlativ 1086

35

Verb

exīstimāre
exīstimō
exīstimāvī
exīstimātum

a-Konjugation
v-Perfekt 1087

35

Adjektiv

beātus, beāta, beātum

a-/o-Deklination 1088

35

Adjektiv

iūstus, iūsta, iūstum

a-/o-Deklination 1089

am meisten
besonders

meinen
schätzen

glücklich
reich

gerecht
gebührend
richtig

35

Verb

proficīscī
proficīscor
profectus sum

Kons. Konjugation
Deponentien

1090

35

Verb

īrāscī
īrāscor

(m. Dat.)

Kons. Konjugation
Deponentien

1091

35

Verb

morī
morior
mortuus sum

kurzvok. i-Konjugation
Deponentien

1092

35

Verb

dēdūcere
dēdūcō
dēdūxī
dēductum

Kons. Konjugation
s-Perfekt

1093

aufbrechen
abreisen
reisen
abstammen

zornig sein *(auf jmdn.)*
in Zorn geraten

sterben

abführen
wegführen

35

Adverb

inde

1094

35

Verb

observāre
observō
observāvī
observātum

a-Konjugation
v-Perfekt

1095

35

Verb

sequī
sequor
secūtus sum

(m. Akk.)

Kons. Konjugation
Deponentien

1096

35

Präposition

causā

(nachgestellt)

m. Gen.

1097

von dort

beobachten
einhalten
beachten

(jmdm.) **folgen**

wegen
um … zu

35

Adjektiv

sapiēns, sapiēns, sapiēns
Gen.: **sapientis**

Kons. Deklination
einendig

1098

35

Substantiv

vultus
vultūs

m

u-Deklination

1099

35

Substantiv

pōculum
pōculī

n

o-Deklination

1100

35

Konjunktion

ergō

1101

weise
vernünftig

das Gesicht
die Miene

der Becher

also

35

Adjektiv

nocēns, nocēns, nocēns
Gen.: **nocentis**

Kons. Deklination
einendig 1102

36

Adjektiv

cārus, cāra, cārum

a-/o-Deklination 1103

36

Substantiv

venter
ventris

m

Kons. Deklination 1104

36

Verb

adhibēre
adhibeō
adhibuī
adhibitum

e-Konjugation
u-Perfekt 1105

schuldig

lieb
teuer

der Bauch
der Magen

anwenden
(jmdn.) **hinzuziehen**

36

Adverb

minus

Komparativ 1106

36

Substantiv

adulēscentia
adulēscentiae

f

a-Deklination 1107

36

Substantiv

senectūs
senectūtis

m

u-Deklination 1108

36

Adjektiv

mātūrus, mātūra, mātūrum

a-/o-Deklination 1109

weniger

die Jugend
das Jungsein

das Alter

reif
zeitig
frühzeitig

36

Substantiv

praeceptum
praeceptī

n

o-Deklination 1110

36

Substantiv

scientia
scientiae

f

a-Deklination 1111

36

Verb

praestāre
praestō
praestitī

m. Dat. / m. Akk.

a-Konjugation
Reduplikationsperfekt 1112

36

Substantiv

convīvium
convīviī

n

o-Deklination 1113

die Vorschrift
die Regel
die Lehre

das Wissen
die Kenntnis

m. Dat.: **übertreffen**
m. Akk.: **leisten**

das Gastmahl
das Gelage

36

Verb

versārī
versor
versātus sum

a-Konjugation
Deponentien 1114

36

Adjektiv

frequēns, frequēns,
frequēns
Gen.: **frequentis**

Kons. Deklination
einendig 1115

36

Adverb

bis

1116

36

Adverb

potius

Komparativ 1117

sich aufhalten
sich beschäftigen

zahlreich
häufig

zweimal

eher
lieber

36

Adverb

semel

1118

36

Adverb

plūs

Komparativ

1119

36

Adjektiv

frīgidus, frīgida, frīgidum

a-/o-Deklination

1120

36

Adjektiv

extrēmus, extrēma, extrēmum

a-/o-Deklination

Superlativ

1121

einmal

mehr

kalt

der äußerste

36

Substantiv

mercēs
mercēdis

f

Kons. Deklination 1122

36

Verb

solvere
solvō
solvī
solūtum

Kons. Konjugation
Perfekt ohne Stammveränderung 1123

36

Adverb

ultrō

1124

36

Adjektiv

sānus, sāna,
sānum

a-/o-Deklination 1125

der Lohn

lösen
auflösen
bezahlen

von sich aus
darüber hinaus

gesund

36

Verb

praecipere
praecipiō
praecēpī
praeceptum

kurzvok. i-Konjugation 1126
Dehnungsperfekt

36

Substantiv

rūs
rūris

n

Kons. Deklination 1127

36

Adverb

rūrī

1128

36

Adverb

vērō

1129

lehren
belehren
vorschreiben
anordnen

das Land *(im Gegensatz zur Stadt)*
das Feld

auf dem Land

aber
wirklich

36

Substantiv

abstinentia
abstinentiae

f

a-Deklination 1130

36

Verb

praeferre
praeferō
praetulī
praelātum

Sonderkonjugation 1131

36

Verb

fruī
fruor

m. Abl.

Kons. Konjugation
Deponentien 1132

I 9

Verb

***laudāre**
laudō
laudāvī
laudātum

a-Konjugation
v-Perfekt 1133

die Enthaltsamkeit

vorziehen

etw. **genießen**
sich *an etw.* erfreuen

loben
preisen

I 9

Verb

***generāre**
generō
generāvī
generātum

a-Konjugation
v-Perfekt 1134

I 9

Verb

***cōnservāre**
cōnservō
cōnservāvī
cōnservātum

a-Konjugation
v-Perfekt 1135

I 9

Verb

***multiplicāre**
multiplicō
multiplicāvī
multiplicātum

a-Konjugation
v-Perfekt 1136

I 9

Verb

***dētegere**
dētegō
dētēxī
dētēctum

Kons. Konjugation
s-Perfekt 1137

erzeugen

erhalten
retten

vervielfältigen

entdecken

I 9

Verb

***colligere**
colligō
collēgī
collēctum

Kons. Konjugation
Dehnungsperfekt

1138

I 9

Adjektiv

***glōriōsus, glōriōsa, glōriōsum**

a-/o-Deklination

1139

I 9

Adjektiv

***fōrmōsus, fōrmōsa, fōrmōsum**

a-/o-Deklination

1140

I 9

Adjektiv

***studiōsus, studiōsa, studiōsum**

a-/o-Deklination

1141

sammeln
auflesen
folgern

ruhmreich
ehrenvoll

schön

eifrig
fleißig

19

Adjektiv

***fāmōsus, fāmōsa, fāmōsum**

a-/o-Deklination 1142

19

Adjektiv

***vitiōsus, vitiōsa, vitiōsum**

a-/o-Deklination 1143

19

Adjektiv

***labōriōsus, labōriōsa, labōriōsum**

a-/o-Deklination 1144

19

Adjektiv

***cōpiōsus, cōpiōsa, cōpiōsum**

a-/o-Deklination 1145

viel besprochen
berüchtigt

fehlerhaft
lasterhaft

arbeitsam
mühselig
beschwerlich

wohlhabend
reich

I 9

Adjektiv

***odiōsus, odiōsa, odiōsum**

a-/o-Deklination 1146

I 9

Adjektiv

***perniciōsus, perniciōsa, perniciōsum**

a-/o-Deklination 1147

I 9

Adjektiv

***ingeniōsus, ingeniōsa, ingeniōsum**

a-/o-Deklination 1148

I 9

Adjektiv

***ōtiōsus, ōtiōsa, ōtiōsum**

a-/o-Deklination 1149

verhasst
widerwärtig

verderblich
gefährlich

geschickt
begabt
erfindungsreich

frei von Amtsgeschäften
müßig
friedlich

I 9

Adjektiv

***ambitiōsus, ambitiōsa, ambitiōsum**

a-/o-Deklination 1150

I 9

Substantiv

***ōtium**
ōtiī

n

o-Deklination 1151

I 9

Substantiv

***ambitiō**
ambitiōnis

f

Kons. Deklination 1152

37

Verb

dēdere
dēdō
dēdidī
dēditum

Kons. Konjugation
Reduplikationsperfekt 1153

ehrgeizig

die freie Zeit
die Ruhe

der Ehrgeiz
die Bewerbung

ausliefern
übergeben

37

Verb

fierī
fiō
factus sum

Sonderkonjugation 1154

37

Verb

omittere
omittō
omīsī
omissum

Kons. Konjugation
s-Perfekt 1155

37

Adjektiv

turpis, turpis,
turpe
Gen.: **turpis**

Kons. Deklination
zweiendig 1156

37

Adjektiv

falsus, falsa,
falsum
Adv.: **falsō**

a-/o-Deklination 1157

geschehen
werden
gemacht werden

außer Acht lassen
unterlassen

schändlich
hässlich

falsch

37

Substantiv

dēditiō
dēditiōnis

f

Kons. Deklination 1158

37

Verb

nōmināre
nōminō
nōmināvī
nōminātum

a-Konjugation
v-Perfekt 1159

37

Verb

cōnfīdere
cōnfīdō
cōnfīsus sum

Kons. Konjugation
Semideponentien 1160

37

Adjektiv

propinquus, propinqua,
propinquum

a-/o-Deklination 1161

die Übergabe
die Kapitulation

nennen

vertrauen

nahe
benachbart
Subst.: **der Verwandte**

37

Zahlwort

mīlle
indekl.
Pl.: **mīlia, mīlium**

Grundzahl 1162

37

Substantiv

obsidiō
obsidiōnis

f

Kons. Deklination 1163

37

Verb

dēserere
dēserō
dēseruī
dēsertum

Kons. Konjugation 1164
u-Perfekt

37

Adjektiv

similis, similis,
simile
Gen.: **similis**

Kons. Deklination 1165
zweiendig

tausend
Tausend(e)

die Belagerung

im Stich lassen
verlassen

ähnlich

37

Verb

tolerāre
tolerō
tolerāvī
tolerātum

a-Konjugation
v-Perfekt
1166

37

Adjektiv

illūstris, illūstris,
illūstre
Gen.: **illūstris**

Kons. Deklination
zweiendig
1167

37

Substantiv

factum
factī

n

o-Deklination
1168

37

Verb

imitārī
imitor
imitātus sum

a-Konjugation
Deponentien
1169

ertragen
erhalten

glänzend
berühmt

die Tat
die Handlung
die Tatsache

nachahmen

37

Adjektiv

plēnus, plēna, plēnum

(m. Gen.)

a-/o-Deklination 1170

37

Adverb

diūtius

Komparativ 1171

37

Verb

excēdere
excēdō
excessī
excessum

Kons. Konjugation
s-Perfekt 1172

37

Verb

revertī
revertor
revertī
reversus

Kons. Konjugation
Semideponentien 1173

voll

länger

hinausgehen
weggehen

zurückkehren

37

Substantiv

invidia
invidiae

f

a-Deklination 1174

37

Adjektiv

aeternus, aeterna, aeternum

a-/o-Deklination 1175

37

Verb

iniungere
iniungō
iniūnxī
iniūnctum

Kons. Konjugation
s-Perfekt 1176

37

Substantiv

condiciō
condiciōnis

f

Kons. Deklination 1177

der Neid
der Hass

ewig

auferlegen
einfügen
anfügen

die Bedingung
die Lage

37

Adverb

sōlum

1178

37

Adjektiv

fīnitimus, fīnitima, fīnitimum

a-/o-Deklination 1179

37

Substantiv

regiō regiōnis

f

Kons. Deklination 1180

37

Substantiv

nātiō nātiōnis

f

Kons. Deklination 1181

nur

benachbart
Subst.: **der Nachbar**
Subst.: der Grenznachbar

das Gebiet
die Gegend

das Volk
der Stamm
der Volksstamm

37

Adjektiv

perpetuus, perpetua, perpetuum

a-/o-Deklination 1182

2; 37

Verb

gaudēre gaudeō gāvīsus sum

e-Konjugation
Semideponentien

5; 37

Verb

solēre soleō solitus sum

e-Konjugation
Semideponentien

28; 37

Verb

audēre audeō ausus sum

e-Konjugation
Semideponentien 846

dauerhaft
ewig

sich freuen

gewohnt sein
(etw.) normalerweise *(tun)*

wagen

Mit dieser Karte kannst du Karte 846 ersetzen.

38

Verb

(decēre)
decet
decuit

(m. Akk.)

e-Konjugation
unpersönl. Ausdruck / u-Perfekt 1183

38

Adjektiv

plērīque, plēraeque, plēraque

Pl.

a-/o-Deklination 1184

38

Adv. / Subj.

tamquam

Vergleich 1185

38

Pronomen

aliquis *(m / f)*, **aliquid** *(n)*
Gen.: **alicuius**
Dat.: **alicuī**

Subst.

indefinit 1186

(etw.) ist angemessen *(für)*
(etw.) passst *(zu)*

die meisten
sehr viele

Adv.: **wie**
Subj.: **wie wenn**
Subj.: **als ob**

irgendjemand
irgendetwas

38

Pronomen

aliquī, aliqua, aliquod
Gen.: **alicuius**
Dat.: **alicuī**

Adj.

indefinit 1187

38

Substantiv

opīniō
opīniōnis

f

Kons. Deklination 1188

38

Adjektiv

humilis, humilis,
humile
Gen.: **humilis**

Kons. Deklination
zweiendig 1189

38

Substantiv

cūria
cūriae

f

a-Deklination 1190

irgendein(e)

die Meinung
die Ansicht

niedrig (gestellt)
unterwürfig
demütig

die Kurie
(Sitzungsgebäude des Senats)

38

Verb

coniungere
coniungō
coniūnxī
coniūnctum

Kons. Konjugation
s-Perfekt 1191

38

Adverb

domī

1192

38

Verb

pergere
pergō
perrēxī
perrēctum

Kons. Konjugation
s-Perfekt 1193

38

Pronomen

īdem, eadem, idem
Gen.: **eiusdem**
Dat.: **eīdem**

demonstrativ 1194

vereinigen
verbinden
knüpfen
verknüpfen

zu Hause

fortfahren
(etw.) weiter *(tun)*

derselbe
der gleiche

38

Verb

repetere
repetō
repetīvī
repetītum

Kons. Konjugation
v-Perfekt 1195

38

Verb

repetere memoriam

(m. Gen.)

Wendung 1196

38

Adjektiv

nōbilis, nōbilis,
nōbile
Gen.: **nōbilis**

Kons. Deklination
zweiendig 1197

38

Substantiv

mīlitia
mīlitiae

f

a-Deklination 1198

wiederholen
zurückverlangen

sich wieder erinnern *(an)*

berühmt
vornehm
adlig

der Militärdienst

38

Substantiv

gradus
gradūs

m

u-Deklination 1199

38

Verb

cōnsequī
cōnsequor
cōnsecūtus sum

Kons. Konjugation
Deponentien 1200

38

Substantiv

pāstor
pāstōris

m

Kons. Deklination 1201

38

Verb

contemnere
contemnō
contempsī
contemptum

Kons. Konjugation
s-Perfekt 1202

der Rang
die Stufe
der Schritt

erreichen
nachfolgen

der Hirte

verachten

38

Konjunktion

igitur

1203

38

Adjektiv

ūllus, ūlla, ūllum
Gen.: **ūllīus**
Dat.: **ūllī**

(in verneinten Sätzen)

a-/o-Deklination 1204

38

Verb

servīre
serviō

i-Konjugation 1205

38

Substantiv

sermō
sermōnis

m

Kons. Deklination 1206

also
folglich

irgendein(e)

Sklave sein
dienen

das Gespräch
das Gerede
die Sprache

38

Verb

admittere
admittō
admīsī
admissum

Kons. Konjugation
s-Perfekt

1207

38

Verb

orīrī
orior
ortus sum

i-Konjugation
Deponentien

1208

38

Verb

spīrāre
spīrō
spīrāvī
spīrātum

a-Konjugation
v-Perfekt

1209

38

Verb

morārī
moror
morātus sum

a-Konjugation
Deponentien

1210

hinzuziehen
zulassen

entstehen
sich erheben

atmen
ausatmen

(jmdn.) **aufhalten**
sich aufhalten

38

Verb

cōnfirmāre
cōnfirmō
cōnfirmāvī
cōnfirmātum

a-Konjugation
v-Perfekt 1211

38

Adjektiv

īnferior, īnferior,
īnferius
Gen.: **īnferiōris**

Kons. Deklination
zweiendig / Komparativ 1212

38

Adjektiv

superior, superior,
superius
Gen.: **superiōris**

Kons. Deklination
zweiendig / Komparativ 1213

39

Pronomen

quīdam, quaedam,
quoddam
Gen.: **cuiusdam**
Dat.: **cuidam**

indefinit 1214

bekräftigen
stärken
ermutigen

geringer
schwächer
unter *(jmdm.)* stehend

höher stehend
überlegen
früher

ein gewisser
ein
Pl.: **einige**
Pl.: etliche

39

Verb

praeterīre
praetereō
praeteriī
praeteritum

Sonderkonjugation 1215

39

Adjektiv

nocturnus, nocturna,
nocturnum

a-/o-Deklination 1216

39

Verb

persequī
persequor
persecūtus sum

Kons. Konjugation
Deponentien 1217

39

Verb

retinēre
retineō
retinuī
retentum

e-Konjugation
u-Perfekt 1218

vorbeigehen
vergehen

nächtlich

verfolgen

behalten
festhalten
zurückhalten

39

Verb

aggredī
aggredior
aggressus sum

kurzvok. i-Konjugation 1219
Deponentien

39

Verb

verberāre
verberō
verberāvī
verberātum

a-Konjugation 1220
v-Perfekt

39

Verb

effodere
effodiō
effōdī
effossum

kurzvok. i-Konjugation 1221
Dehnungsperfekt

39

Pronomen

ipse, ipsa, ipsum
Gen.: **ipsīus**
Dat.: **ipsī**

demonstrativ 1222

angreifen
überfallen

schlagen

ausstechen
ausgraben

selbst
persönlich
gerade

39

Verb

committere
committō
commīsī
commissum

Kons. Konjugation
s-Perfekt 1223

39

Substantiv

culpa
culpae

f

a-Deklination 1224

39

Verb

1. Pers. Sg.: **āiō**
3. Pers. Sg.: **ait**

Sonderkonjugation 1225

39

Subjunktion

sīn

konditional 1226

veranstalten
beginnen
begehen
anvertrauen

die Schuld

ich sage
ich behaupte
er, sie, es sagt
er, sie, es behauptet

wenn aber

39

Substantiv

damnum
damnī

n

o-Deklination 1227

39

Adjektiv

complūrēs, complūrēs, complūra
Gen.: **complūrium**

Pl.

Kons. Deklination
zweiendig / Komparativ 1228

39

Verb

excipere
excipiō
excēpī
exceptum

kurzvok. i-Konjugation
Dehnungsperfekt 1229

39

Adjektiv

posterus, postera, posterum

a-/o-Deklination 1230

der Schaden
der Verlust

einige
ziemlich viele

aufnehmen
auffangen
eine Ausnahme machen

folgend
nachfolgend

39

Substantiv

senex
senis

m

Kons. Deklination 1231

39

Adjektiv

dīves, dīves, dīves
Gen. Sg.: **dīvitis**
Abl. Sg.: **dīvite**
Nom. / Akk. Pl.: **dīvita**
Gen. Pl.: **dīvitum**

Kons. Deklination
einendig 1232

39

Verb

memorāre
memorō
memorāvī
memorātum

a-Konjugation
v-Perfekt 1233

39

Verb

querī
queror
questus sum

(m. Akk.)

Kons. Konjugation
Deponentien 1234

der alte Mann
der Greis

reich

erwähnen
sagen

klagen
sich beklagen *(über)*

39

Adjektiv

quālis, quālis, quāle
Gen.: **quālis**

Kons. Deklination
zweiendig

1235

39

Substantiv

officium
officiī

n

o-Deklination

1236

39

Verb

dēesse
dēsum
dēfuī

Sonderkonjugation
u-Perfekt

1237

39

Adverb

magis

Komparativ

1238

wie (beschaffen)
was für ein

der Dienst
die Pflicht

fehlen

mehr
eher

Verb 39

iactāre
iactō
iactāvī
iactātum

a-Konjugation
v-Perfekt 1239

Substantiv 39

vulnus
vulneris

n

Kons. Deklination 1240

Verb 39

fungī
fungor
fūnctus sum

m. Abl.

Kons. Konjugation
Deponentien 1241

Adjektiv 39

commūnis, commūnis,
commūne
Gen.: **commūnis**

Kons. Deklination
zweiendig 1242

schleudern
rühmen

die Wunde

verwalten
ausüben

gemeinsam
allgemein
öffentlich

39

Substantiv

cōnsuētūdō
cōnsuētūdinis

f

Kons. Deklination 1243

40

Adjektiv

plūrēs, plūrēs,
plūra
Gen.: **plūrium**

Pl.

Kons. Deklination
zweiendig / Komparativ 1244

40

Adjektiv

lātus, lāta,
lātum

a-/o-Deklination 1245

40

Adjektiv

āter, ātra,
ātrum

a-/o-Deklination
Adjektive auf -(e)r 1246

die Gewohnheit
der Brauch

mehrere
mehr

breit
weit

schwarz
düster

40

Substantiv

speciēs
speciēī

f

e-Deklination 1247

40

Verb

augēre
augeō
auxī
auctum

e-Konjugation
s-Perfekt 1248

40

Verb

exstinguere
exstinguō
exstīnxī
exstīnctum

Kons. Konjugation
s-Perfekt 1249

40

Substantiv

ruīna
ruīnae

f

a-Deklination 1250

das Aussehen
der Schein

vergrößern
vermehren

auslöschen
vernichten

der Einsturz
der Sturz
der Fall

40

Adjektiv

apertus, aperta, apertum

a-/o-Deklination 1251

40

Adjektiv

septimus, septima, septimum

a-/o-Deklination
Ordnungszahl 1252

40

Substantiv

cinis
cineris

m

Kons. Deklination 1253

40

Verb

tegere
tegō
tēxī
tēctum

Kons. Konjugation
s-Perfekt 1254

offen

der siebte

die Asche

bedecken
schützen

40

Adverb

dēmum

1255

40

Substantiv

vulgus
vulgī

n

o-Deklination 1256

40

Verb

perterrēre
perterreō
perterruī
perterritum

e-Konjugation
u-Perfekt 1257

40

Verb

impellere
impellō
ímpulī
impulsum

Kons. Konjugation
Reduplikationsperfekt 1258

endlich

das Volk

heftig erschrecken

anstoßen
stoßen
veranlassen

40

Verb

ēgredī
ēgredior
ēgressus sum

kurzvok. i-Konjugation
Deponentien 1259

40

Substantiv

campus
campī

m

o-Deklination 1260

40

Adv. / Subj.

quasi

Vergleich 1261

40

Verb

repellere
repellō
réppulī
repulsum

Kons. Konjugation
Reduplikationsperfekt 1262

hinausgehen
verlassen

das freie Gelände
das Feld

Adv.: **gewissermaßen**
Subj. m. Konj.: **als ob**

zurückstoßen
vertreiben

40

Adverb

contrā

1263

40

Adverb

paulātim

1264

40

Adjektiv

dēnsus, dēnsa, dēnsum

a-/o-Deklination 1265

40

Adjektiv

cupidus, cupida, cupidum

(m. Gen.)

a-/o-Deklination 1266

dagegen
andererseits

allmählich

dicht
dicht gedrängt

gierig *(nach)*
begierig *(nach)*

40

Substantiv

turba
turbae

f

a-Deklination 1267

40

Adjektiv

ultimus, ultima, ultimum

a-/o-Deklination
Superlativ 1268

40

Verb

arbitrārī
arbitror
arbitrātus sum

a-Konjugation
Deponentien 1269

40

Verb

precārī
precor

a-Konjugation
Deponentien 1270

die Menge
die Menschenmenge
das Durcheinander

der äußerste
der entfernteste
der letzte

glauben
meinen

flehen
bitten
erbitten

40

Adjektiv

propior, propior, propius
Gen.: **propiōris**

Kons. Deklination
zweiendig / Komparativ 1271

40

Adverb

rūrsus

1272

40

Adjektiv

reliquus, reliqua, reliquum

a-/o-Deklination 1273

40

Verb

cōnsūmere
cōnsūmō
cōnsūmpsī
cōnsūmptum

Kons. Konjugation
s-Perfekt 1274

näher
der nähere

wieder

übrig
künftig

verbrauchen
verwenden
zubringen

I 10

Adverb

***anteā**

1275

I 10

Adverb

***intereā**

1276

I 10

Substantiv

***sānitās**
sānitātis

f

Kons. Deklination 1277

I 10

Substantiv

***pulchritūdō**
pulchritūdinis

f

Kons. Deklination 1278

vorher
früher

inzwischen

die Gesundheit

die Schönheit

I 10

Substantiv

***vēritās**
vēritātis

f

Kons. Deklination 1279

I 10

Substantiv

***clēmentia**
clēmentiae

f

a-Deklination 1280

I 10

Substantiv

***laetitia**
laetitiae

f

a-Deklination 1281

I 10

Substantiv

***altitūdō**
altitūdinis

f

Kons. Deklination 1282

die Wahrheit

die Milde

die Freude

die Höhe
die Tiefe

I 10

Substantiv

***turpitūdō**
turpitūdinis

f

Kons. Deklination 1283

I 10

Substantiv

***stultitia**
stultitiae

f

a-Deklination 1284

I 10

Substantiv

***pietās**
pietātis

f

Kons. Deklination 1285

I 10

Substantiv

***miseria**
miseriae

f

a-Deklination 1286

die Hässlichkeit

die Dummheit

die Frömmigkeit

das Elend

I 10

Substantiv

***fortitūdō**
fortitūdinis

f

Kons. Deklination 1287

I 10

Substantiv

***ūtilitās**
ūtilitātis

f

Kons. Deklination 1288

I 10

Substantiv

***brevitās**
brevitātis

f

Kons. Deklination 1289

I 10

Substantiv

***cāritās**
cāritātis

f

Kons. Deklination 1290

die Tapferkeit

der Nutzen

die Kürze

die Liebe

I 10

Substantiv

***aequitās aequitātis**

f

Kons. Deklination 1291

I 10

Substantiv

***incolumitās incolumitātis**

f

Kons. Deklination 1292

I 10

Substantiv

***certitūdō certitūdinis**

f

Kons. Deklination 1293

I 10

Substantiv

***difficultās difficultātis**

f

Kons. Deklination 1294

die Gleichheit

die Unversehrtheit

die Sicherheit

die Schwierigkeit

I 10

Substantiv

***similitūdō**
similitūdinis

f

Kons. Deklination 1295

I 10

Substantiv

***mortālitās**
mortālitātis

f

Kons. Deklination 1296

die Ähnlichkeit

die Sterblichkeit